T0080449

Ludwig van Beethoven

Symphony No. 5 in C minor / c-Moll
Op. 67

Edited by / Herausgegeben von
Richard Clarke

EULENBURG

EAS 115
ISBN 3-7957-6515-3
ISMN M-2002-2338-5

© 2006 Ernst Eulenburg & Co GmbH, Mainz
for Europe excluding the British Isles
Ernst Eulenburg Ltd, London
for all other countries
Edition based on Eulenburg Study Score ETP 402
CD ℗ & © 1997 Naxos Rights International Ltd

Ernst Eulenburg Ltd
48 Great Marlborough Street
London W1F 7BB

Contents / Inhalt

Preface

Despite the well-known tradition in Beethoven criticism of assigning the composer's works to one of three creative periods, the nine symphonies are perhaps best divided into four groups. The First and Second were written during the time that conventionally marks the transition between the early and middle period. The next four belong to what may be described as the 'heroic phase', which begins in 1803 and is marked by a prodigious output of highly original works on a grand scale. The Seventh and Eighth, which mark the end of the middle period, show a certain retreat from the bold directions taken in the first six works. The Ninth is Beethoven's only symphony of the last fifteen years of his life; and its unusual structure and unprecedented large performing forces place it in a category of its own.

In fact, Symphonies 1 and 2 look back to eighteenth-century Viennese classicism more than they foreshadow their composer's path-breaking achievements in the genre; the second, in particular, enjoys a close kinship with Mozart's 'Prague' Symphony (K504) of 1786, a work with which it shares tonality, mood, and the shape of the slow introduction to the first movement. The *Eroica* was begun immediately after the Second, but under profoundly different personal circumstances for its composer: it is the first work in which he came to terms with his increasing deafness by going far beyond the limits of musical convention. The next symphony Beethoven began composing, in C minor (the Fifth), took the genre a stage further by its concern for overall planning, its four contrasting movements being 'unified' by the presence – at different levels – of the parallel tonality of C major. In the *Sinfonia pastorale* (the Sixth) he solved the problem of large-scale organisation in other ways, by joining the last three movements to one another and by drawing a dynamic curve across the entire work.

Beethoven's progress as a symphonist did not pursue a single path, or a straight line, as seems to have been the case in the string quartets. The Fourth Symphony, which was composed quickly in the summer of 1806 and represents something of a return to classical principles (the orchestral forces required for it are the smallest for a Beethoven symphony), may have been released before the Fifth on account of unfavourable reactions to the *Eroica* after its first performance in 1805. It is more likely that memories of the artistic failure of the first concert featuring the Fifth and Sixth Symphonies prompted the composer to write a pair of musically lighter works, or at least cooler ones, in 1811–12; more than the Fourth Symphony, the Eighth marks a return to eighteenth-century symphonic dimensions.

With the Ninth, of course, Beethoven resumed his pioneering role as a symphonist, combining a supreme command of sonata structures and orchestral technique with masterly control of the additional forces of chorus and solo voices to shape a type of composition hitherto unknown in serious concert music. The fusion of Symphony and Oratorio was by no means quickly realized. The intention to write a symphony in D minor was first expressed during the composition of the Eighth, the theme of the Scherzo was first sketched a few years later in 1815; the first sketchleaf entry describing a symphony with chorus dates from 1818. By the time the Ninth was completed twelve years had elapsed since the previous symphonies; only the composition of a still more innovatory set of works, the late string quartets, remained to be achieved.

Towards the end of his life Beethoven expressed the desire to write one more symphony. Two of his companions from the late years, Anton Schindler and Karl Holz, claimed that large sections of a 'Tenth Symphony' had been sketched and that the work was complete in the composer's mind; but from the evidence of the surviving manuscripts, it appears that little, if any, progress was made on a new work in the genre.

From the point of view of performance and early reception, it is not the year 1803, but 1807 that marks the dividing line in Beethoven's symphonic output. The first four symphonies were originally intended more for private consumption, being written for and dedicated to their patrons and played mainly in aristocratic circles. The last five symphonies were written specifically for public concerts. The Fifth and Sixth, composed in 1807–8, were heard for the first time in December 1808; the Seventh and Eighth (also composed in rapid succession) at a series of concerts in the winter of 1813–14. For each pair of works, Beethoven composed – nearer the date of the concerts – an occasional piece that would provide a fitting end to a musically arduous programme; the Choral Fantasy in 1808, the 'Battle Symphony' (*Wellington's Sieg*) in 1813. When the Ninth Symphony was first performed in May 1824, in a programme that included other Viennese Beethoven premières, its own finale provided the rousing conclusion to the concert.

Symphony No. 5 in C minor Op. 67

Composed: 1806–1808 in Vienna
First performed: 22 December 1808 in the Theater an der Wien
Original publisher: Breitkopf & Härtel, Leipzig, 1809
Orchestration: Piccolo, 2 Flutes, 2 Oboes, 2 Clarinets, 2 Bassoons,
Double Bassoon – 2 Horns, 2 Trumpets, 3 Trombones – Timpani – Strings
Duration: ca. 34 minutes

The earliest idea for a C-minor symphony is a 'Presto' (Hess 298) preserved in the Kafka miscellany in the British Library (folio 70), which dates from the late 1780s when Beethoven was still living in Bonn. The first sketches for the present work were made early in 1804, immediately after the completion of the *Eroica*. Progress on the new symphony was, however, delayed by other projects, notably the composition and first production of *Leonore* (1804–5), the revision and second production of that opera (1806), and a series of large-scale works written in 1806: two concertos (Op. 58 and Op. 61), three quartets (Op. 59), an overture (*Coriolan* Op. 62), and another symphony (the Fourth). Beethoven was able to work intensively on the C minor symphony only in 1807, but work was again interrupted by a large-scale piece, a Mass commissioned by Prince Nikolaus Esterhazy to be performed at Eisenstadt on his wife's name-day in September. In all probability, the Fifth was essentially complete by the spring of the following year.

The symphony was originally written for Count Franz von Oppersdorff (1778–1818), a music amateur who had met Beethoven in 1806 and who paid him 350 florins for the new work. In a letter to Oppersdorff written in March 1808, Beethoven characteristically exaggerates his progress on it: 'So all I will add is that *your symphony* has been ready for a long time and that I am now sending it to you by the next post.' But Oppersdorff was never to receive it: within three months Beethoven was offering it (along with some other works) to the publishers Breitkopf & Härtel; later he dedicated the Fourth Symphony to Oppersdorff, by way of compensation for the one in C minor.

As Sieghard Brandenburg has recently shown, the publication history of the symphony is far from straightforward. After completing the essential work in the autograph score, Beethoven had two copies made: one of these, a sumptuous manuscript written on thick paper (and probably intended for Oppersdorff) was sent to Breitkopf & Härtel in September 1808 for the preparation of the first edition; the other copy was used at the première. In a letter to his publishers dated 4 March 1809, Beethoven mentioned some minor corrections ('kleine Verbesserungen') to the text, which he sent at the end of the month; these arrived too late to be included in the first 100 copies, but were incorporated into later impressions of the first edition. Among these corrections are the lengthening in the first movement of the held D in bar 4 to two bars (4-5) and the corresponding addition of bars 23, 127, 251 and 481.

But it was not until more than a year later that he noticed a more glaring mistake in the edition, the two extra bars that precede – and duplicate – bars 238-9 of the third movement:

This famous error resulted from Beethoven's indecision about the form of the movement. Although he seems originally to have planned it as an ABA' form, i.e. with a modified *da capo*, the autograph gives evidence of an attempted five-part ABA'/BA" form and, eventually, an ABABA' form which is clarified by the remark 'si replica l'all[egr]o con trio e allora si prende 2' ('repeat the allegro and trio, and then on to the second-time bar'). (A conversation-book entry of 1820, made by Beethoven's violinist friend Franz Oliva, suggests that the movement was being played in Vienna in this form for some time after the 1808 première.) The mistake in the edition must have been due to an identical mistake in the copy of the score sent to the publishers, the result of the copyist's failure to observe Beethoven's instruction (though this may not yet have been written into the autograph). The confusion in the first edition, which was created by first- and second-time bars that did not relate to a repeat, ultimately forced Beethoven to give up the idea of a five-part form and to approve the modified *da capo* form which is customarily heard today. In the event, the publishers took note of the error neither in 1810, when Beethoven first recognized it, nor in 1826, when it reappeared in the first edition of the score (whose publication Beethoven did not supervise). It was not put right until long after the composer's death, in 1846, when Mendelssohn reported it in the *Allgemeine musikalische Zeitung*.

The Fifth Symphony was the first item performed at Beethoven's legendary *Musikalische Akademie* of 22 December 1808, which also included the first public performances of the Pastoral Symphony, the Fourth Piano Concerto, and parts of the Mass in C. The concert ended with the Choral Fantasy, hastily assembled for the event: the orchestra under-rehearsed, the solo part improvised by Beethoven. The composer and critic J. F. Reichardt (1752–1814), who was present at the concert, described it as an artistic disaster lasting four hours in the bitterest cold, and characterized the C-minor symphony 'a big, highly developed symphony which is too long'. For the composer, the *Akademie* marked the end of the most hectic period in his professional life.

The symphony also marks a turning-point in the history of music criticism. It was E. T. A. Hoffmann's review of the work for the *Allgemeine musikalische Zeitung* (4 and 11 July 1810) which first gave music analysis a decisive role in evaluating the merits of the composition, and in which the critic gave himself scope to consider it in relation to those of other classical composers. In this essay Beethoven is compared to the ever cheerful, mischievous Haydn and to the more deeply thoughtful Mozart, but is claimed to have surpassed both by the far wider range of emotions that his music – this symphony in particular – aroused in the listener.

William Drabkin

Vorwort

Obwohl nunmehr traditionell Beethovens Schaffen in drei Perioden eingeteilt wird, ist es wahrscheinlich treffender, die neun Sinfonien in vier Gruppen zu untergliedern. Die erste und zweite Sinfonie entstanden zu einer Zeit, die nach allgemeiner Einschätzung den Übergang zwischen früher und mittlerer Periode darstellt. Die folgenden vier kann man einer „heroischen Phase" zuordnen, die sich, 1803 beginnend, durch eine beachtliche Produktion von in höchstem Maße originären Werken großen Umfangs auszeichnet. Die „Siebte" und „Achte" als Abschluss der mittleren Periode lassen einen gewissen Rückzug von den kühnen Wegen erkennen, die er in den ersten sechs Werken dieser Gattung eingeschlagen hatte. Die „Neunte" ist Beethovens einzige Sinfonie der letzten 15 Lebensjahre; ihre außergewöhnliche Gesamtform und nie vorher dagewesene Aufführungsdauer machen sie zu einem Sonderfall.

Die Sinfonien 1 und 2 sind in der Tat eher eine Rückschau auf die Wiener Klassik des 18. Jahrhunderts, als dass sie die bahnbrechenden Errungenschaften des Komponisten in der Gattung erkennen ließen: Besonders die „Zweite" zeigt eine enge Verwandtschaft mit Mozarts „Prager" Sinfonie KV 504 aus dem Jahre 1786, mit der sie Tonart, Grundstimmung und das Vorhandensein einer langsamen Einleitung zum I. Satz gemein hat. Die „Eroica" wurde unmittelbar nach der „Zweiten" in Angriff genommen, jedoch unter grundsätzlich veränderten persönlichen Umständen für den Komponisten: Sie war sein erstes Werk, worin er sich mit seiner fortschreitenden Ertaubung arrangierte, indem er die Grenzen der musikalischen Konvention weit hinter sich ließ. Die nächste Sinfonie, die Beethoven zu komponieren begann, stand in c-Moll (die spätere „Fünfte") und war in Anbetracht der satzübergreifenden Anlage, deren vier kontrastierende Sätze durch die differenzierte Präsenz der gleichnamigen Durtonart C-Dur miteinander verklammert werden, ein großer Schritt in der Weiterentwicklung der Gattung. In der „Sechsten", der *Sinfonia pastorale*, kam Beethoven hinsichtlich der großformatigen Gliederung zu einer ganz anderen Lösung, indem er einerseits die letzten drei Sätze miteinander verband und andererseits das gesamte Werk mit einem wirksamen Gestaltungsbogen überzog.

Beethovens Fortgang als Sinfoniker lässt sich nicht als Einbahnstraße oder als gerade Linie verfolgen, wie es sich für das Streichquartettschaffen anbietet. Die vierte Sinfonie, im Sommer 1806 schnell hingeworfen, scheint zu den Ursprüngen der Klassik zurückzukehren – so ist beispielsweise die Orchesterbesetzung von allen Beethoven-Sinfonien die kleinste – und hat vermutlich aufgrund der mehr als zurückhaltenden Reaktion auf die Uraufführung der „Eroica" (1805) vor ihr den Vorzug der früheren öffentlichen Präsentation erhalten. Noch wahrscheinlicher ist die Annahme, Beethoven habe in Anbetracht des künstlerischen Misserfolgs der Erstaufführung von fünfter und sechster Sinfonie sich dazu veranlasst gesehen, in den Jahren 1811/12 ein Paar von musikalisch unbeschwerteren oder gar zurückhaltenden

Werken zu komponieren: Mehr noch als die „Vierte" kehrt schließlich die achte Sinfonie zu der üblichen Ausdehnung einer Sinfonie des 18. Jahrhunderts zurück.

Mit der neunten Sinfonie hatte Beethoven natürlich die Rolle als sinfonischer Vorkämpfer für sich zurückgewonnen, indem er den höchsten Anspruch an Sonatenhauptsatzform und orchestrale Mittel mit meisterhafter Beherrschung des Potenzials von Chor und Solostimmen verband und so einen Kompositionstyp schuf, der bis dahin in der ernsten konzertanten Musik ohnegleichen war. Diese Verquickung von Sinfonie und Oratorium war indes von langer Hand vorbereitet. Erste Anzeichen zur Komposition einer d-Moll-Sinfonie gab es zur Zeit der Niederschrift der „Achten"; das Thema des Scherzos in seiner ursprünglichen Gestalt wurde 1815, wenige Jahre später, skizziert; das erste Skizzenblatt, das den Hinweis auf eine Sinfonie mit Chor enthält, datiert von 1818. Bis zur Vollendung der „Neunten" waren seit den vorangegangenen Sinfonien zwölf Jahre verstrichen, und lediglich eine noch umwälzendere Reihe von Werken harrte ihrer Vollendung: die späten Streichquartette.

Gegen Ende seines Lebens äußerte Beethoven sein Streben nach der Komposition einer weiteren Sinfonie. Zwei seiner Wegbegleiter in den letzten Jahren, Anton Schindler und Karl Holz, stellten die Behauptung auf, dass weite Teile einer 10. Sinfonie in Skizzen existierten und dass das Werk im Kopf des Komponisten vollständig entworfen worden wäre. Jedoch erscheinen die überlieferten Skizzen vergleichsweise unbedeutend, da sie zu geringe, wenn überhaupt irgendwelche, Fortschritte zur Vollendung eines neuen Werkes in dieser Gattung erkennen lassen.

Aus der Sicht von Aufführung und früher Rezeption markiert nicht das Jahr 1803, sondern 1807 die Trennlinie in Beethovens Schaffen. Die ersten vier Sinfonien waren eigentlich mehr für den privaten Gebrauch bestimmt: für ihre Förderer geschrieben, ihnen gewidmet und vornehmlich in aristokratischen Kreisen aufgeführt. Demgegenüber sollten die letzten fünf Sinfonien ausdrücklich dem breiten Publikum vorgestellt werden. Die 1807/08 komponierten 5. und 6. Sinfonie erlebten ihre Uraufführung im Dezember 1808, die in ebenfalls rascher unmittelbarer Aufeinanderfolge niedergeschriebene siebente und achte in einer Folge von Konzerten während des Winters 1813/14. Als Ergänzung zu jedem Werkpaar komponierte Beethoven kurz vor der Aufführung ein Gelegenheitswerk, das ein musikalisch anspruchsvolles Programm zu einem quasi versöhnlichen Ende führen sollte: 1808 war es die *Chorfantasie* op. 80, 1813 de „Schlacht- und Siegessinfonie" (*Wellington's Sieg oder die Schlacht bei Vittoria*) op. 91. Im Mai 1824, als die Neunte Sinfonie neben anderen Wiener Uraufführungen von Werken Beethovens dem Publikum vorgestellt wurde, war es ihr eigenes Finale, das den krönenden Abschluss der Veranstaltung darstellte.

Symphonie Nr. 5 c-Moll, op. 67

Komponiert: 1806 bis 1808 in Wien
Uraufführung: 22. Dezember 1808 im Theater an der Wien
Originalverlag: Breitkopf & Härtel, Leipzig, 1809
Orchesterbesetzung: Piccoloflöte, 2 Flöten, 2 Oboen, 2 Klarinetten,
2 Fagotte, Kontrafagott – 2 Hörner, 2 Trompeten, 3 Posaunen – Pauken –
Streicher
Spieldauer: etwa 34 Minuten

Der erste Gedanke zu einer c-Moll-Sinfonie, in den „Kafka-Miszellen" der British Library (Folio 70) erhalten, ist ein *Presto* (Hess 298), das aus den späten 1780er Jahren datiert, als Beethoven noch in Bonn wohnte. Die ersten Skizzen zum vorliegenden Werk wurden 1804 im unmittelbaren Anschluss an die Beendigung der „Eroica" niedergeschrieben. Doch verzögerten sich die Fortschritte der neuen Sinfonie durch andere Arbeiten, vornehmlich durch Komposition und Uraufführung der *Leonore* (1804/5) und deren Revision sowie zweite Aufführung (1806) als auch eine Reihe von groß angelegten Werken, die 1806 entstanden: zwei Konzerte (für Klavier G-Dur, op. 58, und für Violine D-Dur, op. 61) drei Streichquartette (op. 59), eine Ouvertüre (zu *Coriolan*, op. 62) und eine weitere Sinfonie (die vierte). Beethoven konnte eine intensive Beschäftigung mit der c-Moll-Sinfonie erst 1807 wieder aufnehmen, um jedoch durch ein umfangreiches Auftragswerk erneut unterbrochen zu werden. Es war dies eine Messe, die Prinz Nikolaus Esterhazy anlässlich des Namenstages seiner Gattin für eine Aufführung in Eisenstadt bestimmt hatte. Aller Wahrscheinlichkeit nach lag die „Fünfte" im darauffolgenden Frühjahr in ihren Grundzügen fest.

Ursprünglich war die Sinfonie dem Grafen Franz von Oppersdorff (1778–1818) zugedacht, einem musikalischen Dilettanten, der Beethoven im Jahre 1806 bei einem Zusammentreffen 350 Gulden für das neue Werk überreicht hatte. In einem Brief an Oppersdorff vom März 1808 stellt Beethoven in bezeichnender Weise seine Fortschritte an dem Werk übertrieben dar: „Ich will Ihnen […] nur noch melden, daß *Ihre sinfonie* schon lange bereit liegt, ich sie Ihnen nun aber mit nächster Post schicke." Doch Oppersdorff erhielt sie nie: Im Laufe der folgenden drei Monate bot Beethoven sie dem Verlagshaus Breitkopf & Härtel zusammen mit einigen anderen Werken an; quasi als Entschädigung für die c-Moll-Sinfonie widmete er Oppersdorff später die vierte Sinfonie.

Wie Sieghard Brandenburg unlängst aufzeigte, verlief die Veröffentlichung der Sinfonie alles andere als unproblematisch. Nachdem Beethoven das Werk im Wesentlichen in Partitur niedergeschrieben hatte, fertigte er zwei Abschriften an: Eine davon, ein aufwändiges Manuskript auf starkem Papier (möglicherweise für Oppersdorff bestimmt), übersandte er im September 1808 in Vorbereitung der Erstausgabe an Breitkopf & Härtel, die andere diente als Uraufführungsmaterial. Am 4. März 1809 sprach Beethoven in einem Brief an seine Verleger von „kleinen Verbesserungen" am Notentext, die er gegen Ende des Monats mitteilte; diese konnten in den ersten 100 Exemplaren nicht mehr berücksichtigt werden, wurden aber für Folgeauflagen vorgemerkt. Unter diesen Korrekturen befindet sich die Verlängerung des ausgehaltenen D von T. 4 des 1. Satzes auf zwei Takte (T. 4-5) und in Analogie dazu auch in den Takten 23, 127, 251 und 481.

Doch erst nach Ablauf von mehr als einem Jahr bemerkte er einen noch gravierenderen Irrtum in der Ausgabe, nämlich die beiden aus der Reihe fallenden Takte, die im III. Satz den Takten 238/39 voranstehen und diese wiederholen:

Dieser berühmte Irrtum Beethovens rührte daher, dass er sich hinsichtlich der formalen Anlage dieses Satzes unschlüssig war. Obgleich er zunächst die ABA'-Form vorgesehen hatte, d. h. mit einem modifizierten *da capo*, gibt das Autograph Aufschluss über eine intendierte ABA'/BA''-Form und möglicherweise eine ABABA'-Form, die sich aus der Anmerkung „si replica l'all[egr]o con trio e allora si prende 2" („nach der Wiederholung von Allegro und Trio weiter unter der zweiten Klammer") herleitet. (Ein Eintrag in die Konversationshefte von 1820, der von der Hand von Beethovens Freund, stammt, dem Geiger Franz Oliva, legt nahe, dass dieser Satz in Wien nach der Uraufführung von 1808 einige Male in dieser Form dargeboten wurde.) Der Fehler in der Erstausgabe ist wohl auf einen entsprechenden Fehler in der Partiturniederschrift zurückzuführen, die den Verlegern übersandt wurde – Ergebnis des Versäumnisses seitens des Kopisten, Beethovens Angaben zu folgen (wiewohl diese noch nicht im Autograph niedergeschrieben sein mussten). Die Verwirrung in der Erstausgabe, die durch nicht mit Wiederholungen in Einklang zu bringende *prima und seconda volta*-Takte geschaffen wurde, gaben den Anstoß, dass Beethoven endgültig auf die fünfteilige Anlage verzichtete und dem abgewandelten *da capo*, so wie es heute aufgeführt wird, den Vorzug gab. Wie dem auch sei: Die Verleger nahmen von dem Irrtum weder 1810, als Beethoven des Fehlers gewahr wurde, noch 1826 bei seinem erneuten Auftreten in der Erstausgabe der Partitur, deren Herausgabe Beethoven nicht überwachte, Notiz. Erst Mendelssohn Bartholdys Bericht in der *Allgemeinen musikalischen Zeitung* führte 1846, lange nach dem Tod des Komponisten, zu einer Richtigstellung.

Die 5. Sinfonie stand auf dem Programmzettel der legendären Musikalischen Akademie vom 22. Dezember 1808 obenan. Weitere Programmpunkte waren die „Pastorale", das vierte Klavierkonzert und Teile der C-Dur-Messe, die ihre Uraufführung erlebten. Den Schlusspunkt bildete die eilends zu diesem Anlass zusammengestellte *Chorfantasie*, dargeboten von einem unvorbereiteten Orchester mit dem improvisierenden Beethoven als Solisten. Der Komponist und Kritiker Johann Friedrich Reichardt (1752–1814) war bei dem Konzert anwesend und beschrieb es als vier Stunden in bitterer Kälte andauernde künstlerische Katastrophe; die c-Moll-Sinfonie sei „eine große, sehr ausgeführte, zu lange Symphonie". Für den Komponisten bedeutete diese Akademie das Ende der hektischsten Periode in seiner beruflichen Existenz.

Auch in der Rezeptionsgeschichte markiert die Sinfonie einen Wendepunkt. E. T. A. Hoffmanns Rezension über das Werk in der *Allgemeinen musikalischen Zeitung* (abgedruckt am 4. und 11. Juli 1810) wies erstmals der musikalischen Analyse eine maßgebende Rolle in der Wertschätzung einer Komposition zu und war die erste, worin sich der Verfasser ein Podium schuf, auf dem er sie in den Vergleich zu den Kompositionen anderer Komponisten der Klassik stellte. Beethoven wird in diesem Aufsatz mit dem ewig heiteren, schelmischen Haydn und dem tiefgründigeren Mozart verglichen, jedoch als derjenige angesehen, der beide durch den jeden Hörer ergreifenden erweiterten Emotionshorizont in seiner Musik – besonders in dieser Sinfonie – überflügelt.

William Drabkin
Übersetzung: Norbert Henning

Symphony No. 5

Ludwig van Beethoven
(1770–1827)
Op. 67

EAS 115

© 2006 Ernst Eulenburg Ltd, London
and Ernst Eulenburg & Co GmbH, Mainz

2

4

12

D

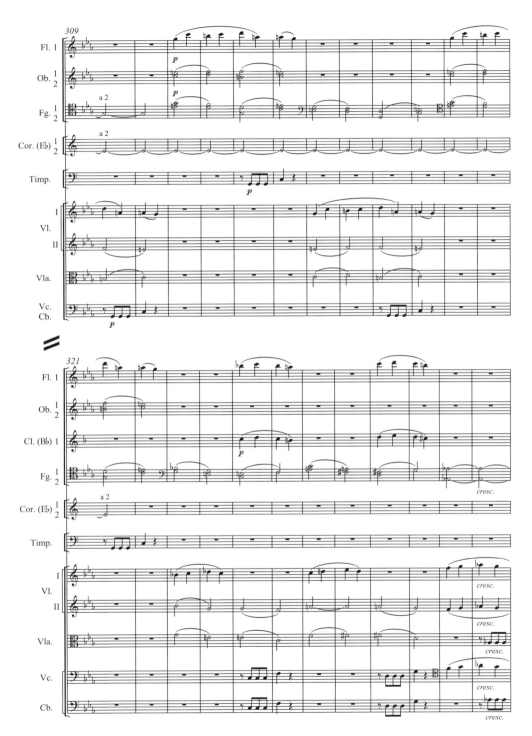

22

II. **Andante con moto** (♪ = 92)

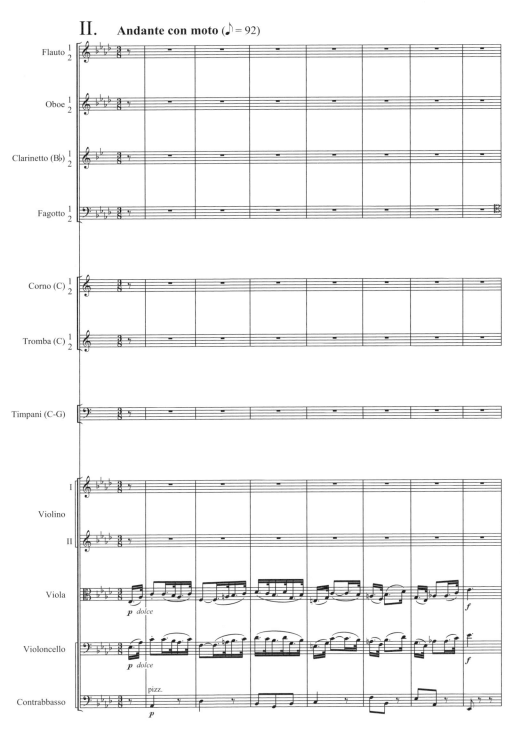

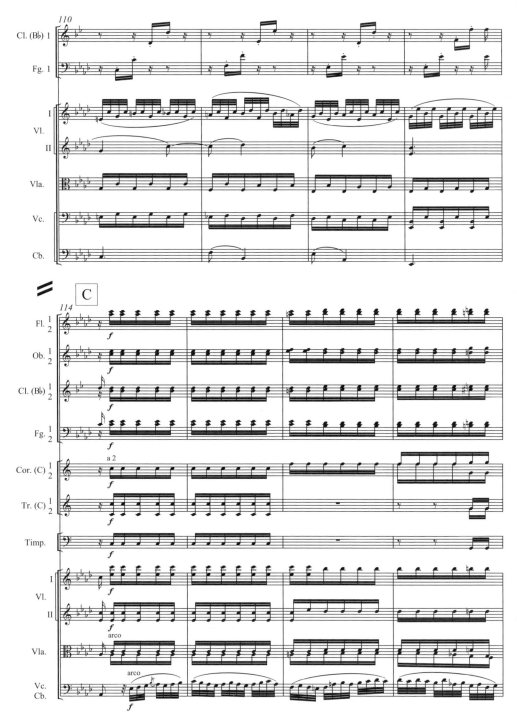

44

Tempo I

52

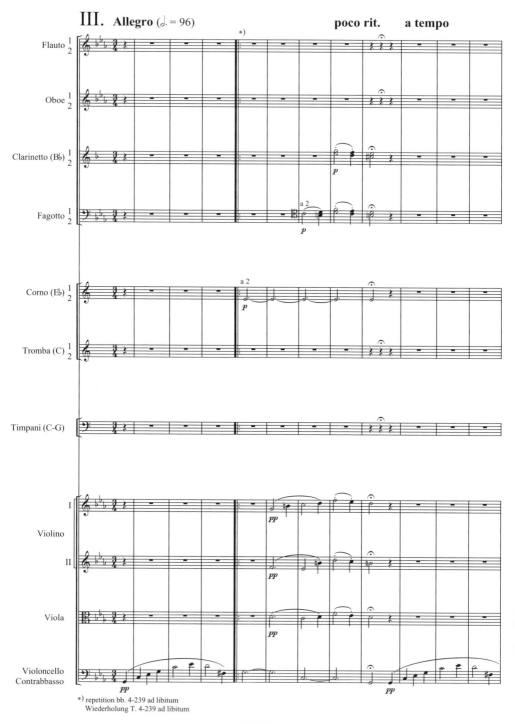

poco rit.   a tempo

poco rit.   a tempo

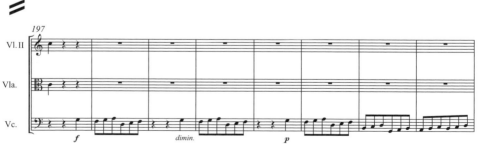

*) da capo ad libitum

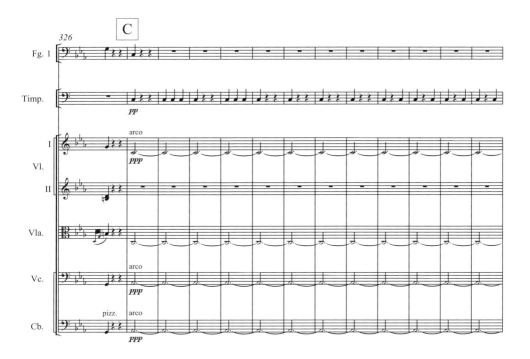

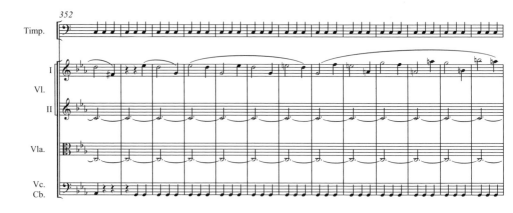

IV. Allegro ($\s}$ = 84)

72

E

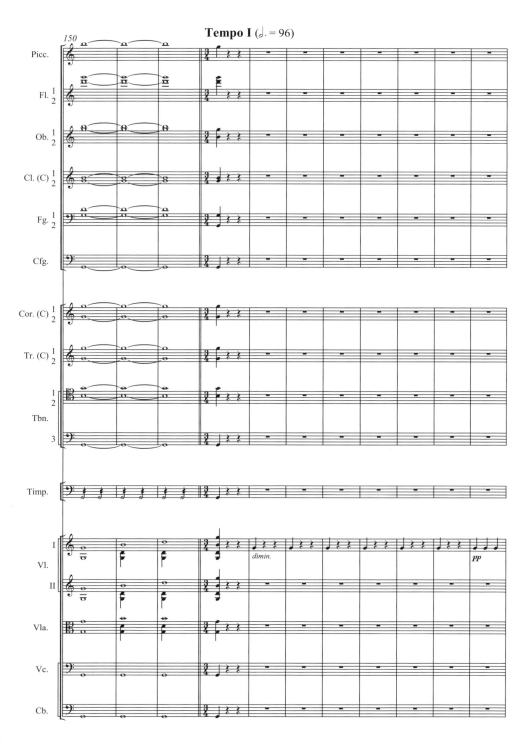

Tempo I ($\textlargerd. = 96$)

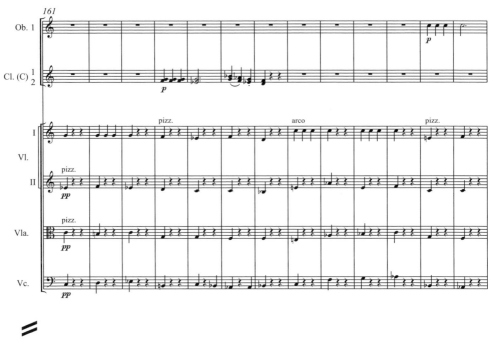

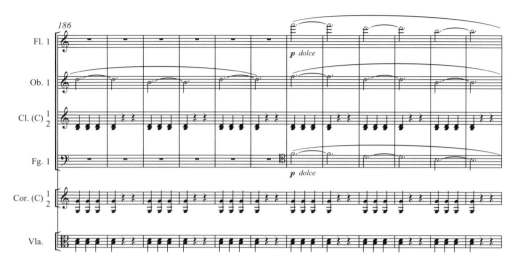

110

112

126

128

132

134

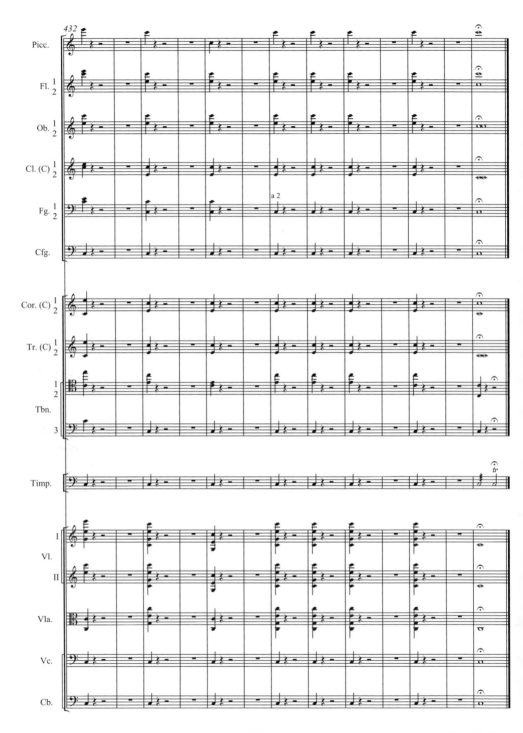

Printed in China